AF232041

DU DEVOIR
DES ÉLECTEURS.

DU DEVOIR

DES

ÉLECTEURS

DANS LA CRISE ACTUELLE.

1830.

PARIS,

IMPRIMERIE DE DAVID,

BOULEVART POISSONNIÈRE, N° 6.

DU DEVOIR

DES ÉLECTEURS

DANS LA CRISE ACTUELLE.

1830.

Chez un peuple ancien, non moins célèbre par son amour pour la liberté que par la sagesse de ses lois, celui qui, dans un grand dissentiment politique, ne prenait aucun parti était puni d'une forte peine et publiquement déshonoré. Quel était le motif de cette sage loi? C'est que le législateur avait observé que jamais les ennemis de l'ordre public ne manquent à l'appel, tandis que les hommes honnêtes, amis de l'ordre et de la paix, ne songent la plupart du temps qu'à se soustraire à la violence des factieux. Voyant d'ailleurs que les hommes honnêtes étaient les plus nombreux à Athènes, comme ils le sont en France, comme il le sont partout, Solon voulut les contraindre à venir, dans les temps de crise, au secours de leur pays ; il les punit quand ils se tenaient à l'écart, parce qu'ils désobéissaient à la loi ; et il les déshonora, parce qu'en effet ils désertaient la cause de leur patrie, qu'ils la livraient et qu'ils se livraient eux-mêmes à la fureur des factieux.

Qu'il existe maintenant en France un grand dissentiment politique, et que la cause de la patrie soit réellement pendante, en première instance du moins, si ce n'est en dernier ressort, devant les colléges électoraux, c'est ce que proclament également les interprètes des factions et les organes de l'ordre public; c'est ce que tout le monde sent, ce que chacun dit, ce qui est plus clair que le jour. C'est donc un devoir sacré, pour quiconque a reçu du Roi le droit de prendre séance dans ce grand jugement, de se rendre exactement à son poste. Les électeurs qui, par indifférence, par humeur ou par faiblesse, se dispenseraient de ce devoir, dans des circonstances aussi graves, auraient à se reprocher d'avoir été la cause des maux qui affligeraient leur pays, et auraient mérité ceux dont ils seraient les victimes. Ils doivent d'ailleurs se dire (et l'expérience de la révolution s'ajoute pour nous aux témoignages de l'histoire), que ceux qui fuient le danger, lorsque les autres s'exposent, sont les premiers sacrifiés lorsque les factions triomphent, et sont à jamais méprisés lorsque le bon droit l'emporte. Disons plus, cela est juste, parce que, dans leur égoïsme, ils ont tout abandonné, leur patrie, leurs amis, eux-mêmes..... Pensez-y bien, hommes attachés à votre pays; si, dans cette circonstance, vous refusez de répondre à l'appel de votre Roi, vous manquerez à votre premier devoir, et vous aurez à vous reprocher les malheurs de l'avenir !..... Pensez-y bien, hommes attachés à votre tranquillité; si, dans cette circonstance, vous refusez de venir au secours de l'ordre public, menacé par les factions, vous n'aurez à accuser que vous, le jour où vous serez victimes des maux que vous aurez laissé faire.

Au milieu de tous les désordres que l'ambition, la vanité, la jalousie, la haine jettent dans les esprits, deux grandes vérités surnagent : la première, que la France entière est attachée aux institutions qu'elle tient de son Roi; la seconde, que la France reconnaît qu'il n'y a de liberté et de prospérité pour elle qu'avec la maison de Bourbon. En voulez-vous une preuve entre mille? Les organes de tous les partis, qui ont un égal intérêt à se concilier l'opinion de la France, se proclament les défenseurs de la Charte et de la monarchie; les hommes de toutes les opinions prétendent être exclusivement les véritables soutiens du Roi et de sa dynastie. Dans une telle situation, que doivent chercher les électeurs de bonne foi? Ils doivent évidemment chercher dans quels rangs sont les hommes francs et fidèles, dans quels rangs sont les vrais amis de leur Roi et de leur patrie, dans quels rangs enfin sont les hommes qui, devenus députés, seconderont sincèrement et avec zèle les intentions du Roi. Entendez-vous, électeurs? des hommes qui puissent seconder les intentions du Roi! Car, si vous voulez réfléchir, les souvenirs de la république, de l'empire et ceux de l'usurpation des cent jours sont assez récens pour que, comparant l'état de la France à toutes ces époques avec ce que vous voyez depuis quinze ans de restauration, vous reconnaissiez que c'est de ses rois, et d'eux seuls, que la France peut recevoir des jours de bonheur et de prospérité.

Maintenant, parmi ces hommes qui se prétendent également les amis de la monarchie et de nos institutions, examinons si nous devons croire ceux qui s'intitulent libéraux, plutôt que ceux qui font profession de royalisme. Voyons ce qu'ils ont fait, voyons ce qu'ils ont dit, et jugeons-les par leurs actes comparés à leurs paroles.

Je sais bien que les libéraux vous disent qu'ils veulent le Roi, nos institutions, la liberté, la prospérité de la France, et que c'est pour affermir le Roi sur son trône, nos institutions sur leur base, la liberté sur ses véritables principes, la prospérité sur la liberté, qu'ils demandent au Roi et à la France de s'en rapporter à eux. Mais quelle garantie offrent-ils de leurs intentions et des moyens qu'ils emploieraient pour les remplir? Quels sont leurs chefs? quels sont leurs guides? quels sont leurs antécédens et leurs principes? Ils ont pour chefs, ils ont pour guides les hommes qui ont été les instigateurs ou les fauteurs de la première révolution; ils professent les mêmes principes, ils tiennent les mêmes discours. Jugeons dès lors ce que les libéraux veulent faire, ce qu'ils feront s'ils sont les maîtres, d'après ce qu'ils ont fait lorsqu'ils l'ont été.

Ainsi ils ont été les maîtres dans l'Assemblée Constituante. Ils vantent sans cesse ses travaux; voyons ce qu'ils y ont fait.

Envoyés pour seconder le Roi dans ses intentions pour le bien de son peuple, ils l'ont violemment dépouillé de son autorité; envoyés pour remettre l'ordre dans l'État, ils ont jeté le trouble en France; envoyés pour consolider la monarchie, ils l'ont détruite; envoyés avec des instructions précises, impératives de leurs commettans, et ayant fait serment de s'y conformer, ils ont osé déclarer qu'ils n'étaient pas tenus de les suivre; ils se sont proclamés faussement et de leur propre autorité investis de tous les pouvoirs; ils ont bouleversé la France; ils ont enchaîné le Roi; ils ont tyrannisé les gens de bien; ils ont corrompu la discipline, organisé l'insurrection, autorisé le brigandage; ils ont approuvé la révolte et loué les assassinats; ils ont répandu de tous côtés la terreur et les alarmes; ils ont couvert la France de clubs, opprimé la justice, créé les assignats, dépouillé le clergé, persécuté les prêtres; et quand, à travers tant d'horreurs, ils ont enfanté une constitution absurde, ils fuient devant leur ouvrage, et chargent une nouvelle assemblée de faire exécuter cette constitution, dont ils avaient obligé les Français à jurer le maintien sans la connaître, et qu'ils avaient, malgré sa résistance, contraint le Roi d'accepter à force d'injures et d'outrages. Ceux qui ont vécu dans ces temps peuvent dire ce qu'ils ont vu et ce que la France a souffert sous ce premier règne des libéraux; ils peuvent aussi déclarer s'il n'est pas vrai que ces temps de crime, de misère et d'oppression étaient proclamés par eux comme la grande époque de la liberté, de la régénération et du bonheur public. Que disons-nous? vous les entendez aujourd'hui vanter ces temps de délire et en demander le retour..... Électeurs! vous savez maintenant de quelle manière ils entendent les intérêts de la patrie.

Maîtres dans la seconde assemblée, comme ils l'avaient été dans la première, et se proclamant toujours les hommes de la liberté et de l'ordre, qu'ont fait alors les libéraux? Ont-ils calmé les passions, ramené la tranquillité, rétabli le cours de la justice, ranimé le crédit, relevé l'autorité royale? Non; ils ont continué le *crime de la révolution*, et complété le malheur de la France. Au nom de la liberté, ils ont jeté dans les fers les hommes les plus recommandables; au nom de la justice, ils les ont fait massacrer; au nom de l'ordre public, ils ont honoré les criminels et encouragé les brigands; au nom de l'humanité et de la tolérance, ils ont persécuté et déporté

les prêtres; au nom du crédit public, ils ont
continué la banqueroute et inondé la France
de papiers sans valeur; ils ont amnistié les
forfaits d'Avignon; ils ont approuvé les massacres du deux septembre; ils ont calomnié
le Roi; ils l'ont dépouillé de sa garde; et
lorsqu'attaqué dans son palais, il est venu,
pour épargner un sang coupable, se réfugier
au sein même de l'assemblée, il l'ont abreuvé
d'outrages; ils l'ont enfermé dans une affreuse
prison; et pour comble d'infamie, ils ont lé-
gué le régicide à l'exécrable Convention. Que
ceux qui ont vécu alors recueillent leurs souvenirs, et qu'ils disent à ceux qui n'ont pas
vu ces temps funestes, ce qui s'est passé sous
leurs yeux; mais que surtout ils leur disent
si alors les libéraux n'assuraient pas à la France
que ces horreurs étaient le gage de son bonheur et de sa liberté. Vous voyez encore, électeurs, comment les libéraux l'entendent.

La troisième époque de leur règne est ar-
rivée. Le culte est aboli, la royauté proscrite,
les sermens prêtés à la constitution de 1791,
sont foulés aux pieds comme les sermens prêtés au Roi; une nouvelle constitution est
donnée à la France; le plan du libéralisme
est accompli; *la république est proclamée...*

Rappelez-vous, électeurs, ces temps de calamités, mais surtout rappelez-vous ce que disaient alors ces hommes qui se prétendent aujourd'hui les seuls amis sincères de la liberté. La France, enfin, était heureuse et libre, rien ne devait plus arrêter le cours de ses prospérités ; l'ordre, l'abondance et la paix allaient payer à jamais le prix de quelques sacrifices ; en un mot, le but de la révolution était atteint. Eh bien ! jetons un coup d'œil sur l'état où était notre patrie.

L'anarchie, la persécution, la délation, le brigandage, les spoliations, les proscriptions, les assassinats remplissent la France : des tribunaux révolutionnaires sont établis partout ; partout des échafauds sont dressés et le sang coule à grands flots dans la capitale et dans les provinces : enfin, le sang même du Roi, celui de la Reine, celui de madame Élisabeth, de la vertueuse sœur de ce vertueux Roi, rougissent le sol de la place nommée à si juste titre la *Place de la Révolution*... Quels ne furent pas cependant à cette terrible époque les cris de joie des libéraux ! et quels furent leurs chants de triomphe ! Rappelez-vous avec quelle barbare ironie ils osaient encore dire à la France que son bonheur était assuré :

rappelez-vous leur satisfaction, aux anniver-
saires de ces jours de honte et d'horreur;
enfin même aujourd'hui, écoutez leurs organes vanter les hommes ou plutôt les monstres
qui ont commis le régicide. Souvenez-vous,
écoutez et jugez...

Qu'arrive-t-il cependant après cette affreuse
catastrophe! Le sang coule de toutes parts
avec une abondance nouvelle; la disette, le
maximum, la chûte entière des assignats complètent le malheur du peuple. La religion est
effacée de la société; la corruption est au comble, la guerre civile s'unit à la guerre étrangère; d'exécrables proconsuls sont envoyés
dans les départemens et aux armées; des excès
de cruauté auxquels n'atteindraient pas les ca-
nibales les plus féroces, jettent partout l'é-
pouvante; les dernières traces de la civilisa-
tion disparaissent... Ici les libéraux vont dire
que beaucoup d'entr'eux ont aussi été victimes de la révolution, que beaucoup d'entr'eux ont péri en s'opposant à ses fureurs, et
qu'il serait souverainement injuste de leur
imputer des excès qu'ils déplorent... Il est
bien vrai que beaucoup de révolutionnaires
ont été persécutés, et que plusieurs ont porté
leur tête sur les échafauds qu'ils avaient aidé

à dresser… Oui, mais c'est lorsqu'après avoir tout aplani devant eux, ils ont lutté pour se saisir du pouvoir. C'est alors, et seulement alors, qu'on les a vus se poursuivre et s'entre-détruire, comme on voit des tigres s'entre-déchirer sur la proie qu'ils ont immolée. Mais il n'en est pas moins vrai qu'ils avaient fait ces malheurs, et qu'avant d'en être atteints, ils enjoignaient à la France d'y voir le comble du bonheur et le triomphe de la liberté.

Cependant les libéraux, éprouvant eux-mêmes les conséquences de l'anarchie qu'ils avaient faite, reconnaissent la nécessité de concentrer le pouvoir : un Directoire est créé; cinq libéraux, parmi lesquels un régicide, sont élus pour directeurs et une nouvelle consti-tution est donnée à la France. Mais, ni ces hommes, ni cette constitution ne pouvaient nous convenir, et l'état de la France reste le même. Il est vrai que les exécutions cessent, mais les spoliations continuent. Les persécu-tions se renouvellent, les mandats complètent la banqueroute ; l'anarchie et le despo-tisme sont partout poussés à l'extrême; les fortunes les plus scandaleuses s'élèvent aux dépens de la fortune publique et des fortunes particulières ; enfin, le luxe et la débauche

des hommes qui participent au gouvernement, insultent à la misère publique et au
malheur universel. Que faisaient alors les libéraux? Que faisaient et que disaient ces amis
si fidèles de la liberté? Ces temps sont plus
près de nous, un plus grand nombre d'électeurs s'en souviennent. Eh bien! les libéraux
disaient que c'était la vraie liberté; que la
France était heureuse, et qu'elle allait se re-
poser dans le véritable gouvernement repré-
sentatif; car déjà, pour tromper la France, ils
se servaient de ce mot.

Et pourquoi le disaient-ils? parce qu'ils
étaient en possession du pouvoir, de l'argent,
du crédit, des places, qu'enfin ils étaient des-
potes; car c'est ainsi qu'ils entendent le bonheur et la liberté. Qu'arrive-t-il cependant
sous ce nouveau Gouvernement si faible et
si tyrannique? Tandis que la France est li-
vrée au despotisme libéral au dedans, les
chances de la guerre tournent contre elle au
dehors. Déjà même elle est au moment de se
voir envahie par les armées étrangères; mais
un libéral par excellence, un homme qui avait
encensé la liberté plus que tous les autres, un
homme que les libéraux ont vanté tant qu'il a
été le maître, qu'ils ont accusé quand il est tom-

bé, qu'ils ont de nouveau vanté quand il a repris sa puissance, et qu'ils regrettent aujourd'hui par pour amur de la liberté; Bonaparte, enfin, d'un revers de son épeé abattant la tête de l'hydre, d'abord consul pour dix ans, puis à vie, puis Empereur, mais toujours au nom de la liberté, s'empare du pouvoir suprême et fait tout trembler sous sa loi.

Ces temps, nous les avons tous vus : que chacun de nous se rappelle quels étaient les discours de ces hommes qui s'étaient toujours proclamés, qui se proclament encore les amans de la liberté, et qui, en cette qualité, veulent enlever nos suffrages? Ils ne se contentaient pas d'aider de tout leur pouvoir celui qui s'était fait leur maître, à bien enchaîner la France, à bien river ses fers; ils ne se contentaient pas de courir au-devant de la servitude; ils faisaient plus, ils déclaraient que son règne était celui de la liberté, et jamais, à les entendre, la France n'avait joui d'un gouvernement plus modéré, plus réparateur et plus doux. Ils avaient renversé la monarchie pour fonder la république, ils détruisaient la république pour établir un despote, mais il n'en étaient pas moins les hommes du peuple et de la liberté : les libéraux étaient puissans ; le peuple était heureux et libre.

Remarquez, au reste, électeurs, que tout, dans ces événemens, a suivi la marche naturelle, telle que la trace l'histoire dans toutes les circonstance analogues. L'anarchie avait été la suite du renversement de l'ordre établi ; le despotisme succédait à l'anarchie. Nous reverrions les mêmes choses si nous avions le malheur de remettre notre confiance dans les mêmes individus, et d'agir d'après les mêmes principes.

Il n'est pas besoin, je pense, de retracer ce que la France a souffert lorsque tout le pouvoir de la révolution a été remis aux mains d'un homme dans lequel elle s'était, pour ainsi dire, personnifiée. Nous nous rappelons encore, et la cessation du commerce, et la nullité du crédit, et l'énormité des impôts, et l'oppression de la justice. Nous nous rappelons, surtout, les derniers de nos enfans traînés sur les champs de bataille, et allant répandre leur sang sur tous les points de la terre pour assouvir l'ambition du chef que les libéraux nous avaient donné. Nous avons eu, je l'avoue, plusieurs années d'une grande gloire ! mais, électeurs, je le demande, où cela nous a-t-il conduits? à voir, après vingt ans de révolution, ce que n'avaient pas vu quatorze siècles de monarchie légitime; à voir la France envahie et conquise, l'ennemi dans la capitale, et à ne trouver de recours que dans la bonté de ce Roi que les libéraux avaient proscrit.

Enfin, le Roi rentre en France, et dans l'état où nous sommes, il a tout pouvoir sur nous. Comment en usera-t-il! Va-t-il venger ses outrages? Va-t-il du moins punir les crimes? Non; il peut tout, il pardonne; et non-seulement il pardonne, il oublie tout, jusqu'au vote assassin qui a fait périr son frère... En un mot, il reçoit la France telle que la révolution la lui a faite, et il n'a qu'une seule pensée, c'est d'assurer son bonheur. Certes, s'il avait eu le désir d'user d'un pouvoir absolu, c'était alors qu'il pouvait le faire; car dans l'état où les cinq règnes des libéraux avaient mis la France, personne ne le lui eut contesté. Mais il veut agir en Roi, ou plutôt il agit en père; il sait ce qu'il faut à la France et il accomplit dans la Charte les intentions de Louis XVI... Car Louis XVI voulait aussi nous donner des institutions libres.

Vous vous rappelez, électeurs, les élans

d'amour et d'enthousiasme qui ont accueilli le Roi à son retour, et vous vous rappelez quelle a été la prospérité de la France dans cette mémorable année 1814. Qui n'aurait cru que la reconnaissance universelle toucherait du moins le cœur des libéraux !

Eh bien ! non ; un seul sentiment les conduit et les domine : ils ont une horreur invincible pour tout pouvoir légitime ! Que leur importe que le Roi nous ait délivrés de l'invasion étrangère ? Qu'importe qu'il nous ait donné des institutions libres et une immense prospérité ? L'idée de perdre ces biens et de les remplacer par la guerre étrangère ou civile, la perspective inévitable du despotisme ou de l'anarchie, rien ne peut les arrêter : ils rappellent le fléau de la France et de l'Europe, ils proscrivent la Charte, ils proscrivent le Roi ; ils n'ont qu'un vœu, qu'une pensée : périsse plutôt la France que de ne pas l'asservir au sceptre des libéraux.

On ne peut pas songer sans frémir au sort de notre malheureuse patrie, sous le nouvel empire libéral qui s'établissait, si la divine providence n'eût arrêté le cours de nos malheurs. Enfin, trois mois s'étaient à peine écoulés quand, pour la seconde fois, Bonaparte livra la France aux étrangers. Que feront les libéraux dans cette situation critique ? Voudront-ils remettre la patrie aux seules mains qui puissent la sauver ? Non; ils continuent leur système, ils veulent un prince étranger, ils veulent tout plutôt que le Roi légitime : mais personne ne les écoute, ils sont repoussés partout, et le Roi seul sauve la France. Examinons maintenant la suite de leur conduite.

Louis XVIII revenait en 1815, comme en 1814, maître de tout ordonner. On avait soulevé la France, on avait brisé la Charte, on avait proscrit sa famille, on l'avait proscrit lui-même... Tout était juste alors; mais Louis était Bourbon, et c'est en Bourbon qu'il se venge. Il peut punir, il pardonne; il peut retirer ses dons, loin de là il les confirme, il nous conserve la Charte, et, déplorant nos malheurs, il ne veut que les réparer. Que dis-je ! il veut les partager, car il se prive lui-même d'une portion de son revenu pour acquitter les charges de la guerre : il ne peut trouver le bonheur que dans le bonheur de la France, et c'est à force de bienfaits qu'il veut vaincre ses ennemis : voici comment ils y répondent.

Vous avez vu, électeurs de bonne foi, ce

que pendant vingt ans nous avons eu à souf-
frir pour avoir cru aux promesses et nous
être abandonnés aux conseils des prétendus
amis de nos libertés, et vous éprouvez depuis
quinze ans tout ce que peuvent pour le bonheur de la France, ce Roi, cette légitimité de
pouvoir, que les libéraux avaient proscrits.
Eh bien! si éclairés par l'expérience, si ef-
frayés au souvenir des maux dont ils ont été
la cause, ou si touchés de notre prospérité
ils se sont unis aux vues du Roi pour le bien
de son peuple, s'ils ont secondé l'action ré-
paratrice de son gouvernement, s'ils ont contribué au bonheur dont nous jouissons, ou
si seulement ils ont bien voulu le reconnaître;
si enfin, depuis quinze ans, ils nous ont dit
la vérité sur le présent comme sur l'avenir,
alors, électeurs dévoués au Roi, électeurs
fidèles à votre patrie, croyez-les, suivez-les,
donnez-leur vos suffrages. Mais si, semant la
défiance et répandant de fausses alarmes, si
niant le bonheur présent et annonçant des
malheurs à venir, ils ont tout employé pour
empêcher le développement des vues bien-
faisantes du Roi, refusez votre confiance à
ces hommes incorrigibles, que rien ne peut

éclairer, que rien ne peut ramener, que rien ne peut ni toucher ni convaincre.

Ce que nous allons rappeler sont des faits qui depuis quinze ans se passent sous vos yeux ; il vous sera donc bien facile d'en reconnaître l'exactitude.

A-t-on rétabli la dîme, les champarts, les droits féodaux ? Non ; on n'y a pas même pensé. Eh bien ! pendant plus de dix ans, que sais-je, aujourd'hui peut-être, les libéraux n'ont pas cessé d'annoncer cette absurdité comme un projet arrêté, comme un fait indubitable. Or, remarquez, je vous prie, quelle injure ils faisaient à notre Roi ; ils l'assimilaient à eux-mêmes ! Car pour rétablir la dîme, les champarts, les droits féodaux, il faudrait que le Roi fît ce que les libéraux ont fait en 1815, qu'il déchirât la Charte et violât son serment ; mais le fils de Saint-Louis n'en est pas capable ; les libéraux le savaient bien : quel intérêt avaient-ils donc à débiter ces mensonges ? Quel intérêt ! ils semaient la défiance, ils alarmaient les gens timides, ils empêchaient le pays de jouir avec sécurité du bonheur que lui donnait son Roi ; en un mot, ils nuisaient à la monarchie, et cela leur suffisait.

Les libéraux n'ont-ils pas dit encore pendant dix ans, et plus peut-être, que l'on reprendrait les biens dits nationaux ? C'était certainement absurde, après trente ou quarante ans de possession, de mutations, de subdivisions, de donations, d'héritages ; et c'était de plus une injure à la bonne foi du Roi, puisqu'il a juré la Charte : enfin c'était une insulte à sa raison ; car s'il eût voulu reprendre ces biens, à quelle époque l'aurait-il pu faire, si ce n'est quand il était le maître absolu de disposer de tout en France, et lorsqu'il n'était lié par aucun engagement ? Par quel singulier calcul aurait-il donc préféré attendre qu'il eût juré le contraire, et préparé des entraves à sa tardive volonté ! N'importe, les libéraux le disent, ils l'affirment, ils le soutiennent ; et quand, après douze ans, le Roi dans sa sagesse, pour terminer la querelle, propose d'indemniser les anciens propriétaires, vous croyez peut-être que les libéraux vont applaudir à ce projet ? non ; il est juste d'abord, et c'est déjà bien assez pour que les libéraux le repoussent ; mais il a encore pour eux un inconvénient plus grave, c'est qu'en rassurant à jamais les propriétaires nouveaux il arrache au libéralisme une arme puissante avec laquelle il pourrait nuire à la monarchie. Mais voici qui est plus absurde encore, car, ici les propriétaires n'existent plus, et n'ont ni successeurs, ni représentans; je veux parler des biens du clergé. Eh! bien, n'avons-nous pas entendu les libéraux répandre, pour les biens provenant du clergé, les mêmes alarmes que pour ceux des propriétaires laïcs! et cela quand le Roi, la Charte, le Pape ont tout consacré..... La fausseté était évidente; mais il y a des esprits candides qui croient tout, et des méchans qui font semblant de tout croire.

Parlons maintenant des coups d'état, car depuis plus de quinze ans les libéraux en parlent sans cesse. Depuis quinze ans, à les entendre, c'est aujourd'hui, c'est demain, c'est dans un mois, c'est dans six, qu'un coup d'état doit renverser la Charte et établir un gouvernement absolu, arbitraire, un gouvernement non pas tel que fut l'ancienne monarchie, qui avait bien ses libertés légales, mais un gouvernement tel que celui que les libéraux nous ont donné au nom de la liberté, sous l'Assemblée Constituante, l'Assemblée Législative, la Convention, le Directoire ou l'Empire. Or, remarquez, électeurs, qu'ici se trouvent encore réunis les trois caractères distinctifs du système adopté par les libéraux : absurdité et méchanceté d'une part, outrage au Roi de l'autre. Absurdité, car si le Roi, je le répète, eût voulu détruire la Charte, il ne l'aurait pas donnée en 1814, quand rien ne l'y obligeait, et il ne l'aurait pas rendue en 1815, quand la France était à ses pieds. Méchanceté, car ils savent combien les bruits de cette nature jettent de trouble dans les esprits. Outrage au Roi, car il a juré la Charte, il l'a fait jurer à sa famille; et Charles X, ce Roi si généreux, qui porte sur son visage l'empreinte de la loyauté dont son cœur est le sanctuaire, en a renouvelé le serment à son sacre. Vous voyez encore, électeurs, la confiance que méritent les libéraux.

Parlons maintenant des finances. Depuis quinze ans, les libéraux ne vous ont-ils pas dit sans cesse que les impôts allaient croissant et que bientôt ils seraient intolérables ? Ne vous ont-ils pas dit encore que notre système de finances était faux et qu'il tuait le crédit public ? Or, électeurs, je vous le demande, à quelle époque la France a-t-elle eu un plus puissant crédit ? Voyez le taux de la rente, et voyez ce qu'il était quand les libéraux an-

nonçaient sa chûte. Et quant à l'accroisse-
ment d'impôt, qui ne sait que vous payez
beaucoup moins aujourd'hui qu'à aucune
autre époque de la monarchie? N'avez-vous
pas eu d'ailleurs votre part des cent millions
de dégrèvement que le Roi a accordés à la
France?

Que dirai-je du commerce? à entendre
encore les libéraux, il devait être détruit : de
l'industrie? elle devait être comprimée, anéan-
tie : de la liberté des personnes? elle devait
être abolie : de la liberté des écrits? elle
devait être étouffée... Eh bien, je vous le
demande, de tout cela qu'est-il arrivé? A-t-
on jamais été plus libre en France? Le commerce, l'industrie ont-ils jamais acquis un
pareil développement? Les écrits ont-ils jamais circulé avec plus de liberté, que dis-je,
avec plus de licence?... Mais peut-être, me
direz-vous, les libéraux ont contribué à ces
grands résultats par l'influence qu'ils ont
exercée sur les conseillers de la couronne, et
par la part qu'ils ont prise aux mesures du
Gouvernement... Non, ils ont fait tout le
contraire; car, d'une part, ils se sont opposés
à tout ce que le Gouvernement voulait faire,
et, de l'autre, ils ont tout fait pour qu'il devînt

impossible de gouverner régulièrement. Depuis quinze ans, par exemple, le Roi a souvent changé ses ministres : eh bien, est-il un ministère que les libéraux n'aient attaqué, poursuivi, calomnié? Ne les a-t-on pas vus sans cesse accuser les intentions des ministres? et tandis qu'ils soufflaient la sédition et soutenaient la révolte, n'ont-ils pas répandu que c'était le Gouvernement lui-même qui fomentait les divisions et les troubles, pour avoir une occasion de sortir des voies légales. A cela on pouvait répondre que, pour accuser les autres d'une aussi infâme combinaison, il faut en être capable : mais le Gouvernement a mieux fait, car il est resté dans les voies légales et a réprimé la sédition. N'était-ce pas d'ailleurs insulter le Roi que de prétendre, pendant quinze ans, qu'il ne choisissait que de mauvais ministres? et ne serait-il pas absurde de vouloir qu'avec de mauvais ministres, il ait fait la prospérité et le bonheur du pays? Pour revenir à notre thèse et prouver que ce ne sont pas les libéraux qui ont fait le bien dont nous jouissons, n'est-il pas vrai que les libéraux ont voté contre toutes les mesures proposées par le Gouvernement? qu'ils ont voté, par exemple, contre les budgets qui accordaient de si utiles dégrèvemens aux propriétaires, et vivement contesté ces dégrèvemens ? N'est-il pas vrai encore que, depuis la restauration, ils n'ont jamais obtenu la majorité dans les chambres ?... Je me trompe, ils l'ont obtenue une fois dans la Chambre des Députés, mais c'est pour déclarer au Roi qu'ils ne voulaient pas concourir à ses vues pour le bien de la France. C'est justement pour cela que le Roi les a renvoyés.

Récapitulons maintenant ce qu'il en a coûté à la France pour avoir été pendant vingt ans sous le pouvoir de ces hommes qui lui demandent encore aujourd'hui de se confier à eux.

Mettons en ligne de compte :

Les désordres et le brigandage sous l'Assemblée Constituante.

Le brigandage et l'anarchie sous l'Assemblée Législative.

La terreur, le régicide et la tyrannie de sang sous la Convention.

La tyrannie avilissante sous le Directoire, le despotisme militaire sous le Consulat, l'Empire et l'usurpation.

Voyons ensuite ce qu'il a péri d'hommes,

pour nous donner, sous ces diverses formes,
ce que les libéraux ont appelé la liberté.

Sur les échafauds, dans les guerres civiles,
par les proscriptions et dans les massacres,
deux millions d'hommes ; aux armées, six millions d'hommes ; et avec tout ce sang versé,
nous n'avons même pas conservé intacte la
frontière de l'ancienne monarchie.

Enfin, sous le rapport de l'argent, voyons
ce qui a été englouti dans ce gouffre que les
libéraux veulent rouvrir.

Produit des biens nationaux, de l'une et
l'autre origine : six cent soixante-quinze millions en argent, quatre milliards en papier.

Assignats démonétisés....... sept milliards
cinq cents millions.

Mandats également démonétisés...... sept
milliards quatre cents millions. Banqueroute
des deux tiers des rentes sur l'État...... un
milliard ; emprunt forcé sur les gens réputés
riches par la Convention... deux milliards ; à
quoi il faut ajouter les réquisitions de tout
genre, les vexations, les extorsions, les gar-
nisaires.... plus, la banqueroute de l'arriéré
antérieur à l'an X.

Plus, les ravages des guerres civiles et ceux
des deux invasions.

Enfin, trois milliards pour l'équipée libé-
rale des cent jours, et les frais de l'occupa-
tion.

Voilà le fruit des principes, voilà l'ouvrage
des hommes, voilà, électeurs de bonne foi,
ce que les libéraux ont fait, ce que les libéraux demandent de faire encore : c'est maintenant à vous, qui stipulez pour la France,
de voir si vous voulez croire les libéraux,
qui ont fait tout le mal que nous avons souffert, ou si vous voulez vous en rapporter au
Roi qui a fait ou développé tout le bien dont
nous jouissons.

FIN.